BEI GRIN MACHT SICH IHR WISSEN BEZAHLT

AF140542

- Wir veröffentlichen Ihre Hausarbeit,
  Bachelor- und Masterarbeit

- Ihr eigenes eBook und Buch -
  weltweit in allen wichtigen Shops

- Verdienen Sie an jedem Verkauf

Jetzt bei www.GRIN.com hochladen und kostenlos publizieren

Bibliografische Information der Deutschen Nationalbibliothek:

Die Deutsche Bibliothek verzeichnet diese Publikation in der Deutschen National-
bibliografie; detaillierte bibliografische Daten sind im Internet über http://dnb.d-
nb.de/ abrufbar.

Impressum:

Copyright © 2017 GRIN Verlag
Druck und Bindung: Books on Demand GmbH, Norderstedt Germany
ISBN: 9783668781078

Altay Siakiroglou

Vergangenheitsbewältigung in der Wahrnehmung der Neuen Rechte

GRIN Verlag

GRIN - Your knowledge has value

Der GRIN Verlag publiziert seit 1998 wissenschaftliche Arbeiten von Studenten, Hochschullehrern und anderen Akademikern als eBook und gedrucktes Buch. Die Verlagswebsite www.grin.com ist die ideale Plattform zur Veröffentlichung von Hausarbeiten, Abschlussarbeiten, wissenschaftlichen Aufsätzen, Dissertationen und Fachbüchern.

Besuchen Sie uns im Internet:

http://www.grin.com/

http://www.facebook.com/grincom

http://www.twitter.com/grin_com

Justus-Liebig-Universität

FB 03- Sozial- und Kulturwissenschaften

Institut für Politikwissenschaften

Sommersemester 2017

Seminar: Rechte Verführung - Zu inhaltlichen und schulischen
Möglichkeiten der Auseinandersetzung mit antidemokratischen
Ideologien

Vergangenheitsbewältigung in der

Wahrnehmung der Neuen Rechten

vorgelegt von:

Altay Siakiroglou

Datum: 07.07.17

Inhaltsverzeichnis

1. Einleitung

Nach der Niederlage im Zweiten Weltkrieg 1945 war Deutschland sowohl materiell als auch geistig ruiniert. Die Niederlage im Zweiten Weltkrieg und die Ereignisse während der Herrschaftszeit der Nationalsozialisten hatten langen und schwerwiegenden Einfluss nicht nur auf das Deutschland der Nachkriegszeit, sondern auch auf die Bundesrepublik Deutschland. Das deutsche Volk musste nach 1945 nicht nur das Land wiederaufbauen. Vielmehr lag die Herausforderung darin die Vergangenheit aufzuarbeiten. Dies stellte sich als schwieriger und langwieriger heraus als der materielle Wiederaufbau, der bereits gegen Ende der 1950er Jahre bewältigt war. Die geistige Bewältigung der Vergangenheit dauerte im Vergleich deutlich länger und dauert nach wie vor an, wie die Verurteilungen von NS-Verbrechen im 21. Jahrhundert zeigen. Dass die Verurteilungen von NS-Verbrechen teilweise immer noch andauern verdeutlicht das Scheitern der Vergangenheitsbewältigung. Dies hat unterschiedliche Gründe. Eine der wesentlichen Gründe war die unterschiedliche Wahrnehmung der Vergangenheit und daraus resultierend die differenzierte Vergangenheitsbewältigung. Unterschiedliche ideologische Gruppierungen haben die Vergangenheit spezifisch aufgearbeitet und die von den Alliierten angeführte Vergangenheitsbewältigung distinguiert wahrgenommen.

Dementsprechend steht die Vergangenheitsbewältigung in der Wahrnehmung der Neuen Rechten im Fokus dieser Arbeit. Die Arbeit beginnt mit den terminologischen Klärungen bzw. Operationalisierungen zentraler Begriffe die einerseits für das Verständnis des wissenschaftlichen Gegenstandes von Bedeutung sind und andererseits dazu beitragen sich im Rahmen dieser Arbeit von jeglichen alltagstheoretischen Annahmen zu entfernen. Danach soll zunächst generell die Aufarbeitung der Vergangenheit Gegenstand der Untersuchung sein, da es die Grundlage für die spezifische Wahrnehmung der Vergangenheitsbewältigung der Neuen Rechten bildet. Daraufhin soll die Wahrnehmung der Vergangenheitsbewältigung in rechten Kreisen einer genaueren Untersuchung unterzogen werden. Dabei soll der Blick auf die vier Achsen Schuldfrage, Holocaust, Umerziehungspolitik und Denazifizierung gerichtet werden, die die Eckpfeiler der Vergangenheitsbewältigung bei den Neuen Rechten darstellen. Anhand der untersuchten Aspekte soll die Argumentationslinie der Neuen Rechten für die spezifische Wahrnehmung der Vergangenheitsbewältigung erarbeitet werden. Bevor ich zum Schluss noch einen Forschungsausblick aufzeige, wird der Fokus auf den

Umgang mit der Vergangenheitsbewältigung als Merkmal der Ideologie der Neuen Rechten gelegt und ermittelt inwiefern die spezifische Wahrnehmung der Vergangenheitsbewältigung die Ideologie der Neuen Rechten geprägt hat. Zur Untersuchung der Fragestellung wurden diverse Quellen – Primärliteratur und Sekundärliteratur – ausgewertet, um einen möglichst breitgefächerten Überblick zu erlangen.

2. Begriffsdefinitionen

2.1. Vergangenheitsbewältigung

Mit Vergangenheitsbewältigung wird der Prozess der geistigen Auseinandersetzung einzelner Individuen oder eines Kollektivs mit der eigenen Vergangenheit beschrieben (vgl. Wöll 1997, 29). Zusätzlich zu dem Begriff Vergangenheitsbewältigung werden auch Begriffe wie „Aufarbeitung der Vergangenheit" oder „Vergangenheitspolitik"[1] zur Beschreibung des Prozesses der Auseinandersetzung mit der Vergangenheit benutzt. Hierbei geht es um die Aufarbeitung der Geschehnisse während der Herrschaftszeit der Nationalsozialisten im Dritten Reich. Vergangenheitsbewältigung wird zum einen als ein Prozess der Verdrängung und Verleugnung und zum anderen als Ausdruck der Reflexionsbereitschaft und -fähigkeit gesehen (ebd.). Die Aufarbeitung zielt auf eine breite Teilnahme der Bevölkerung, um die Vergangenheit als Kollektiv aufzuarbeiten, denn ansonsten sei keine Vergangenheitsbewältigung in dem Sinne möglich (vgl. Förster 1997, 79). Gleichzeitig bedeutet dies, dass unterschiedliche Individuen und Gruppierungen die Vergangenheit unterschiedlich aufarbeiten und die Aufarbeitung der Vergangenheit unterschiedlich interpretieren und wahrnehmen (ebd.).

2.2. Neue Rechte

Der Terminus „Neue Rechte" dient als eine Sammelbezeichnung für die geistig-intellektuelle Strömung des Rechtsextremismus und die moderne Form rechten antidemokratischen Denkens (vgl. Bruns/ Glösel/ Strobl 2015, 11; vgl. Brauner-Orthen 2001, 18f). Dabei handelt es sich um eine „Vielzahl kaderförmiger Kleingruppen" (zitiert nach Gessenharter 1994, 44). Trotz der sinngemäß einheitlichen Begriffsdefinition bleibt der Terminus durchaus schwammig.[2] Ideologisch orientiert sich die Neue Rechte primär an der Konservativen Revolution, d.h. an einem Netzwerk rechtsextremer Intellektueller mit antidemokratischen Ideen und Wertvorstellungen, die versucht diese wiederzubeleben (vgl. Goldberger 1994, 40). Die Orientierung an der Konservativen Revolution bedeutet auch, dass die Neue Rechte nicht nur aus Rechtsextremen, sondern auch Rechtskonservativen besteht. Im Zuge der Zusammenarbeit haben sich die Differenzen weitestgehend zwischen Konservativen und Rechtsextremen aufgelöst wodurch die Neue Rechte entstanden ist (vgl. Pfahl-Traughber 1994, 162). Demnach hat die Neue Rechte eine Scharnierfunktion zwischen beiden Ideologien und bildet ein „Brückenspektrum" zwischen beiden politischen Traditionslinien (Pfahl-Traughber 1994, 163).

3. Aufarbeitung der Vergangenheit

Die Aufarbeitung der Geschehnisse in der NS-Zeit wurde bereits nach dem Krieg begonnen und gewissermaßen mit der Potsdamer Konferenz in demselben Jahr mit den fünf D's konzeptualisiert. Von diesen fünf D's sind insbesondere die Demokratisierung und Denazifizierung von großer Bedeutung für die Aufarbeitung der Vergangenheit, denn im Rahmen des Arbeitstitels liegt der Fokus auf die geistige und/oder psychologische Aufarbeitung der Vergangenheit. Nach dem Kriegsende gab es kein souveränes deutsches Handlungssubjekt und ein großes Misstrauen gegenüber den Deutschen, so dass der Prozess der Vergangenheitsbewältigung vorerst nicht den Deutschen überlassen worden ist (vgl. König 1997, 304f). Die deutsche Bevölkerung verfiel nach dem Krieg in eine Orientierungslosigkeit und war nicht in der Lage die Geschehnisse einzuordnen (vgl. Dudek 1992, 194). Der geistige Zustand der Bevölkerung, so belegt u.a. eine Untersuchung von Alexander und Margarete Mitscherlich über die Vergangenheitsbewältigung, mündete vor allem in der frühen Nachkriegszeit in der *Unfähigkeit zu trauern*[3] (vgl. Gumbrecht 2012, 40). Dieser geistige Zustand hielt für Jahre und Jahrzehnte an, so dass der geistige Zustand auch gegen Ende der 1950er Jahre von Latenz geprägt war (ebd.). Die Latenz beschränkte sich nicht nur auf die Psyche, sondern auch auf die Kommunikation (vgl. König 1997, 307). Folglich war der „Ungeist des Nationalsozialismus" zunächst nicht kommunizierbar, so dass es in der Nachkriegszeit zu keinen öffentlichen Debatten über die Geschehnisse in der NS-Zeit kam (vgl. König 1997, 303).

Des Weiteren verliefen die Demokratisierung und die Denazifizierung Deutschlands zögernd. Der Umerziehungspolitik der Alliierten stand vor allem die Jugend skeptisch gegenüber (vgl. Dudek 1992, 194f). Zudem retardierte die Demokratisierung in Form einer parlamentarischen Demokratie, weil die deutsche Bevölkerung für die

Grundauffassung und die Ziele einer parlamentarischen Demokratie nicht vorbereitet war (ebd.). Außerdem konnte die Denazifizierung nicht den erhofften Erfolg erzielen bevor sie zu Beginn der 1950er Jahre nahezu komplett zum Erliegen kam. Dem Erliegen der Denazifizierung ging einerseits das „Gesetz zum sofortigen Abschluss der Entnazifizierung und einer Amnestie aller von den Folgen der bisherigen Entnazifizierung Betroffenen der Gruppe 3 und 4", d.h. der Minderbelasteten und Mitläufer, voraus (Frei 1998, 80f). Dies führte zu einer halben Millionen Strafbefreiungen und über 250 000 Verfahrenseinstellungen (vgl. Frei 1998, 84). Andererseits führte das „Gesetz zur Regelung der Rechtsverhältnisse der unter Artikel 131 des Grundgesetzes fallenden Personen", wodurch mehr als 300 000 ehemalige Nationalsozialisten in die Gesellschaft wiedereingegliedert worden sind (Frei 1998, 85f). Die Initiatoren dieser Gesetze zur Wiedereingliederung ehemaliger Nationalsozialisten in die Gesellschaft und vor allem in den öffentlichen Dienst waren Rechtsnationale (vgl. Frei 1998, 80). Damit haben die Rechten den Prozess der Denazifizierung konterkariert und die Grundlage für die NS-Kontinuitäten gelegt. Infolgedessen kam es zu „keine[m] oder eine[m] nur halbherzige[n] Bruch" mit der Vergangenheit (Jaschke 1994, 135). Dieser Bruch führte dazu, dass die Vergangenheit unbewältigt blieb (vgl. Reichel 2001, 21).

Mit dem Scheitern der Denazifizierung konnte es nicht zu einer nachhaltigen Aufarbeitung der Vergangenheit kommen, da die Präsenz ehemaliger Nationalsozialisten neue Herausforderungen mit sich brachte. Die antisemitischen Schmierwellen in den 1950er Jahren, die 1959 in der Schändung einer Synagoge kulminierte, versiegelten das Scheitern der Aufarbeitung der Vergangenheit (vgl. König 1997, 308f). Die überpolitisierte Vergangenheitsbewältigung hat dazu geführt, dass sich ideologische Bruchlinien unterschiedlicher Gruppen verhärtet haben und die Integration in das *neue* Deutschland gescheitert ist (vgl. Hennecke 1997, 74). Somit hat das Scheitern der Vergangenheitsbewältigung zum Wiedererstarken der Rechten geführt (vgl. Jaschke 1994, 136). Diese möglichen Tendenzen im Falle eines Scheiterns der Vergangenheitsbewältigung prognostizierte Deiters bereits 1948[4], der die NS-Vergangenheit für nicht überwunden hielt (vgl. Dudek 1994, 277). Ihm zufolge steckte in dem Scheitern ein „revolutionäres Element", das die Rechtsextremisten reanimieren könnte (ebd.). Das „Nachleben faschistischer Tendenzen" in der und gegen die Demokratie stellte zudem für Adorno (1963)[5] eine ernstzunehmende Gefahr dar, denn die Neue Rechte agierte im Gegenteil zu den „Alten Rechten" im vorpolitischen Raum und konnte so ihr rechtes Gedankengut gezielter in den politischen Prozess einbringen (zitiert nach Dudek 1994, 278). Aufgrund der NS-Kontinuitäten hat es ungefähr zwei Jahrzehnte gedauert bis die NS-Vergangenheit Gegenstand von Analysen und Diskussionen wurde (vgl. König 1997, 314).

4. Wahrnehmung der Neuen Rechten

Wie bereits erwähnt hat das Scheitern der Vergangenheitsbewältigung ideologische Bruchlinien in der Gesellschaft forciert und das Gegenteil von dem bewirkt was sie erreichen wollte (a.a.O.) Das Wiedererstarken der Rechten darf allerdings nicht nur dem Scheitern der Vergangenheitsbewältigung zugeschrieben werden (vgl. Klönne 1990, 48). Wie die anderen ideologischen Gruppierungen haben auch die Rechten die Nachkriegszeit und insbesondere die Aufarbeitung der Vergangenheit im Rahmen ihrer Ideologie spezifisch interpretiert und wahrgenommen. Im Folgenden sollen einige Aspekte der Vergangenheitsbewältigung in Bezug auf die spezifische Wahrnehmung der Neuen Rechten untersucht werden.

4.1. Schuldfrage

Angeführt von Theoretikern und Wissenschaftlern wie u.a. Armin Mohler[6] und Bernd Willems haben die Neuen Rechten die alleinige Schuld vor allem bzgl. des Zweiten Weltkrieges kategorisch abgelehnt (vgl. Assheuer und Sarkowicz 1992, 185). So leugnet bspw. Armin Mohler die Schuld der Deutschen an den Geschehnissen während der NS-Zeit und führt an, dass die Aufarbeitung der Vergangenheit keine „moralische[.] Läuterung [...], sondern [...] [ein] [...] [von den] Feinde[n] dieses Staates [eingeführter] [...] eigengesetzliche[r] Regelmechanismus [sei] (ebd.). Mit den Feinden bezieht sich Mohler auf „jüdische Kreise" (ebd.). In Anbetracht der Tatsache, dass in einer von den Amerikanern durchgeführten Umfragen über die Schuldfrage lediglich 30 Prozent der Deutschen angegeben haben das Deutschland Schuld am Zweiten Weltkrieg sei, wird deutlich, dass die Worte Mohlers eine Grundlage im Volk hatten (vgl. Hoffmann 1992, 92).[7] Die Ablehnung der Allein- und Kollektivschuld der Deutschen am Zweiten Weltkrieg wird zudem in das erste Parteiprogramm der Nationaldemokratischen Partei Deutschlands (NPD) 1967 eingebunden und als Lüge deklariert (vgl. Wetzel 1994, 94). Um die Deutschen von jeglicher Schuld zu befreien wird in intellektuellen Kreisen sogar die Verantwortlichkeit der deutschen Bevölkerung für den Reichstagsbrand abgestritten und die Bevölkerung als

7

„Verführte" dargestellt (Hoffmann 1992, 37). Dieser Geschichtsrevisionismus wurde durch Gerhard Frey, Inhaber von rechtsorientierten Zeitungen, verbreitet (vgl. Faulenbach 1990, 41). Zusätzlich zu der Ablehnung der Verantwortlichkeit reichen die Meinungen der Neuen Rechten bzgl. der NS-Vergangenheit von Apologie bis hin zur Beschuldigung anderer Völker (ebd.; vgl. Assheuer und Sarkowicz 1992, 186). Diese revisionistische Mentalität kann mit einem Gedicht von Renate Schütte verdeutlicht werden, in dem die Fremden für die (prekäre) Situation in Deutschland verantwortlich gemacht werden (siehe Abb. 1).

4.2. Holocaust

Die Vorwürfe bzw. Beschuldigungen gegen andere Völker sind bei den Neuen Rechten durchaus konkret, so dass die Ansicht Hans-Dietrich Sanders, der die Juden für die antisemitische Hybris im Dritten Reich verantwortlich macht, von den Revisionisten trotz des Verstoßes gegen deren Strategie[8], den Antisemitismus nicht offenkundig zu proklamieren, aufgegriffen und instrumentalisiert wird (vgl. Assheuer und Sarkowicz 1992, 187). Inoffiziell werden Juden selbst für ihr Schicksal verantwortlich gemacht, aber offiziell wird der Holocaust geleugnet (vgl. Stöss 1989, 30). Diese verdeutlicht die paradoxe Ansicht der Neuen Rechten. Die Theoretiker und Wissenschaftler der Neuen Rechten zweifeln die Massenvernichtungen in Konzentrationslagern an (vgl. Assheuer und Sarkowicz 1992, 188). Angeführt werden Zweifel bspw. an der Höhe der Opferzahlen (ebd.). Demnach betrüge die Zahl der Opfer nicht sechs Millionen, sondern die Anzahl der Opfer sei sechsstellig gewesen (ebd.). Zudem wird an der technischen Durchführbarkeit der Gaskammern gezweifelt (ebd.). Zitiert wird diesbezüglich das von Ernst Zündel in Auftrag gegebene *Leuchter-Report* als Gutachten, das die technische Undurchführbarkeit der Massenvernichtungen beweisen sollte (vgl. Assheuer und Sarkowicz 1992, 106). Obwohl dieses Gutachten z.B. von dem Münchener Institut für Zeitgeschichte als „eine ziemlich oberflächliche Untersuchung" angesehen wird gilt das Gutachten für die Revisionisten als irreversibles Beweismittel (ebd.). Der Leuchter-Report wurde von Germar Rudolf aufgegriffen und erweitert, um zu beweisen, dass die Gaskammern nicht nur aus technischen, sondern auch aus chemischen Gründen nicht existieren konnten.[9]

Hinzu kommen gefälschte Zeugenberichte wie z.B. der Erinnerungsbericht von Thies Christophersen den 1973 Manfred Roeder mit dem Titel „Die Auschwitz-Lüge" veröffentlicht hat (ebd.). Dem Bericht zufolge „erinnert" sich Christophersen daran, dass er zu „[s]einer Zeit in Auschwitz nicht die geringsten Anzeichen von Massenvergasung bemerkt [habe]" (zitiert nach Stöss 1989, 32). Die Revisionisten bedienen sich auch an den Werken ausländischer Wissenschaftler wie z.b. dem vom Franzosen Paul Rassinier und dem vom Amerikaner Arthur R. Butz, die den Holocaust als „Geschichtsfälschung" und „Propagandaschwindel" bezeichnet haben (ebd.). In Anbetracht der Tatsache, dass die Ausländer im rechten Lager als Feinde gesehen wurden ist dieser Umstand durchaus bemerkenswert und selten. Ernsthaftigkeit gewann der Diskurs über den Holocaust und die Auschwitz-Lüge allerdings erst mit dem von Ernst Nolte ausgelösten Historikerstreit in den 1980er Jahren. Allerdings soll hier nicht näher auf den Historikerstreit eingegangen werden.

4.3. Umerziehungspolitik

Die nach der Niederlage Deutschlands von den Alliierten eingeführte Umerziehungspolitik, die darauf zielte rechtes Gedankengut, zumindest in der Radikalität der Nationalsozialisten, einzudämmen und Deutschland zu demokratisieren wurde von den Neuen Rechten als eine Indoktrination gedeutet. Die Neue Rechte sah die Deutschen einer Gehirn- und Charakterwäsche unterzogen (vgl. Laak 1998, 58). Die Demokratisierung durch demokratische Erziehung wurde in rechten Kreisen demnach abgelehnt (vgl. Faulenbach 1990, 43). Nicht nur, aber insbesondere in rechten Kreisen wurde die Umerziehung als „Selbsterniedrigung und erzwungene Selbstrechtfertigung" interpretiert, da der Staat die Umerziehung erduldete (Dudek und Jaschke 1984, 35). Ausgeblendet wird, dass es nach dem Zweiten Weltkrieg kein deutsches Handlungssubjekt gab. Nichtsdestotrotz reagierten die Revisionisten mit Propaganda auf die von den Feinden aufgezwungene Umerziehungspolitik (vgl. Wetzel 1994, 90). Die Propaganda wurde möglichst verdeckt betrieben, so dass rechtes Gedankengut trotz der Eindämmungsversuche der Besatzer weiterhin verbreitet werden konnte (ebd.). Aufgrund der Tatsache, dass die Position der Neuen Rechten die Position des Großteils der Bevölkerung reflektierte fand sie einen hohen Widerhall in der Bevölkerung. Gegenstand der Propaganda war u.a. die Frage nach den Befreiern. Für die Neue Rechte waren sie die Befreier der Nation und nicht die Alliierten. Demgemäß wurde der neue Nationalismus bspw. in der Grundsatzerklärung der Aktion Neue Rechte (ANR), die die „wichtigsten Orientierungspunkte" der Neuen Rechten beinhaltete, als „Befreiungspolitik [g]egen die Nutznießer von 1945" propagiert (zitiert nach Assheuer und Sarkowicz 1992, 63; Stöss 1989, 150). Diese offene und konkrete Wortwahl stellt durchaus eine Ausnahme dar, denn die Neuen Rechten waren prinzipiell bemüht solche Passagen in ihren Grundsatzerklärungen oder Parteiprogrammen zu codieren, um Verbotsverfahren vorzubeugen.

Bereits zuvor musste dem „Politischen Lexikon" der NPD, das für Schulungszwecke benutzt wurde, der offizielle Status aberkannt werden, weil es demokratiefeindliche Ansichten und Einstellungen zu offen artikulierte und vom Verfassungsschutz beobachtet wurde (vgl. Assheuer und Sarkowicz 1990, 19). Allerdings machten sie sich Zeitschriften wie z.B. *Nation Europa* zunutze, um ihre Position offenkundig zu verbreiten (Stöss 1989, 150). Die NPD hatte auch eine eigene Parteizeitung, in der Ernst Anrich im Februar 1967 einen Artikel verfasste und ein biologisches Weltbild im Sinne der Rassenlehre der Nationalsozialisten propagierte und somit den Pluralismus ablehnte (vgl. Assheuer und Sarkowicz 1990, 19). Bereits ein Jahr zuvor 1966 bekundete Ernst Anrich in einer Parteitagsrede in Karlsruhe seine Ablehnung gegenüber demokratischen Prinzipien (vgl. Seitenbecher 2013, 455, Anm. 648). Der Pluralismus würde die Souveränität des Staates restringieren, weil er „die Selbstständigkeit und Unabhängigkeit der mannigfachen Interessengruppen [einschränken] würde" (ebd.). Des Weiteren würden ihm zufolge die Völker am Liberalismus „verderben" (ebd.). Als Wissenschaftler und in rechten Kreisen renommierter Theoretiker hatte Ernst Anrich einen großen Einfluss auf die Neue Rechte. Somit verbreiteten die Neuen Rechten als Antwort zur demokratischen Erziehung antidemokratische Ideen und Wertvorstellungen.

4.4. Denazifizierung

In Anbetracht der bereits von den Rechten initiierten Amnestiegesetze lässt sich ableiten, dass die Neuen Rechten auch die Denazifizierung abgelehnt und nicht akzeptiert haben (a.a.O.). Die Revisionisten forderten die „Beseitigung des Entnazifizierungsrechts" (Wetzel 1994, 90). Diese kategorische Ablehnung bzw. Inakzeptanz hatte unterschiedliche Gründe (vgl. Stöss 1989, 70). Zum einen waren sich die Neuen Rechten dessen bewusst, dass die strafrechtliche Verfolgung von NS-Verbrechen bereits 1943 durch die Moskauer Drei-Mächte-Erklärung bestimmt worden war (ebd.). In rechten Kreisen wurde es demnach als eine Verschwörung gegen die Deutschen gedeutet. Hinzu kommt, dass die Prozesse von ausländischen Gerichten durchgeführt worden sind, wodurch die Rechten zusätzlich in ihrem Nationalstolz verletzt worden sind. Zum anderen wurde die Denazifizierung durch die Anklage von NS-Verbrechen u.a. zur Vorbereitung zum Angriffskrieg durchgeführt (ebd.). Bedenkt man an dieser Stelle, dass die Neue Rechte die Schuldfragen für den Zweiten Weltkrieg ablehnten, handelte es sich sozusagen, um eine doppelte Verleumdung des deutschen Volkes. Die Ablehnung der Entnazifizierung war auch in der Bevölkerung weit verbreitet. Eine amerikanische Studie zeigt, dass 1946 57 Prozent der Bevölkerung mit der Entnazifizierungspraxis zufrieden war (vgl. Dudek und Jaschke 1984, 38). Innerhalb von acht Monaten ist die Zahl auf 34 Prozent gesunken und betrug bereits im September 1947 32 Prozent (ebd.).[10] Dementsprechend haben die Neuen Rechten die sofortige Beendigung der Denazifizierung gefordert. Auf diese Forderung wurde reagiert und die Forderung in Parteiprogramme einbezogen (vgl. Dudek und Jaschke 1984, 39). So forderte bspw. die Deutsche Partei (DP) in ihrem Programm von 1949 die „Beendigung" der Denazifizierung (ebd.). Diese zunächst behutsame Tonart veränderte sich allerdings. In der Hitze des Wahlkampfes 1953 verschärfte sich die Tonart, so dass die DP zum „Kampf gegen die ′fortdauernde Neu-Entnazifizierung′" aufforderte (ebd.). Rückblickend ist zu konstatieren, dass sie mit ihrem Kampf gegen die Entnazifizierung vor allem mithilfe der Amnestiegesetze erfolgreich waren. Demzufolge waren die Neuen Rechten der Motor für die NS-Kontinuitäten und gleichzeitig dafür verantwortlich, dass die Vergangenheit nicht aufgearbeitet werden konnte.

5. Der Umgang mit der Vergangenheit als Merkmal der Ideologie

Nach der Untersuchung der Wahrnehmung der Vergangenheitsbewältigung der Neuen Rechten soll im Folgenden der Blick darauf gerichtet werden, inwiefern die spezifische Wahrnehmung der Vergangenheitsbewältigung die Ideologie der Neuen Rechten geprägt hat. Der Einfluss der spezifischen Wahrnehmung und Interpretation der Vergangenheitsbewältigung, basierend auf die vier untersuchten Aspekte, betrifft den Nationalismus, Antisemitismus und die antidemokratischen Ideale der Neuen Rechten (vgl. Jaschke 1990, 56ff). Die Ereignisse der Nachkriegszeit haben den Nationalismus der Revisionisten zusätzlich bekräftigt. Mit dem Vorwurf der Alleinschuld am Zweiten Weltkrieg haben sich die Deutschen am Nationalstolz verletzt gefühlt. Gepaart mit dem Umstand, dass die NS-Verbrechen im Rahmen der Denazifizierung von ausländischen Gerichten verurteilt wurden, verletzte den Nationalstolz der Deutschen zusätzlich. Vor allem die Rechten waren der Ansicht, dass man von den Feinden vorgeführt wurde. Hinzu kommt, dass einer der Gründe für Hitlers Selbstmord darin gesehen wird, dass Hitler sich selbst und damit die arische Rasse nicht vor der

Weltöffentlichkeit als Verlierer vorführen lassen wollte. Umso größer war der Ärger gegen die Besatzer bzw. Feinde. Dies mündete in dem Aufruf zum Kampf gegen die Feinde.

Der Kampf bezog sich nicht nur auf die Denazifizierung, sondern auch auf den Holocaust und auf die Umerziehungspolitik. Bezüglich des Holocaust forcierte die Ablehnung der eindeutigen Beweise, die die Undurchführbarkeit der Gaskammern beweisen würden, den Nationalismus der Rechten. Die Umerziehungspolitik wurde als eine Indoktrination und Erniedrigung des deutschen Volkes interpretiert. Obendrein verärgerte die Revisionisten der Umstand, dass die eigene Regierung die Demokratisierung unterstütze. Der Gedanke, dass Deutsche zum eigenen Untergang beitrugen, führte u.a. zur Radikalisierung der Rechten. Diese Aspekte haben dazu geführt, dass sich der Nationalismus im Laufe der Jahre zum Chauvinismus entwickelte, da sie einerseits das Feindbild und andererseits die Einheit gegen die Feinde forciert haben. Den Antisemitismus betreffend wurden die Schmierwellen der 1950er Jahre erwähnt, die die Haltung der Neuen Rechten erahnen lassen. Im Hinblick auf den Holocaust waren sich die Revisionisten intern einig, dass die Juden für ihr eigenes Schicksal verantwortlich waren. Dies verdeutlicht die anhaltende antisemitische Hybris innerhalb der Neuen Rechten. Hinsichtlich antidemokratischer Ideale war in rechten Kreisen die Ablehnung von z.B. Pluralismus, Liberalismus etc. weit verbreitet. Auf Basis der untersuchten Aspekte kann konstatiert werden, dass die Wahrnehmung der Vergangenheitsbewältigung die Ideologie der Neuen Rechten mitbeeinflusst hat. Erwähnenswert ist allerdings, dass die genannten ideologischen Aspekte nicht nur durch die Vergangenheitsbewältigung bedingt sind. Außerdem umfassen die genannten Aspekte nicht die gesamte Palette der Ideologie der Neuen Rechten. Die spezifische Aufarbeitung der Vergangenheit der Neuen Rechten zeigt, dass man sich ideologisch an den Nationalsozialismus orientiert, auch wenn offiziell beteuert wird, dass die Orientierung der Konservativen Revolution gelte (vgl. Langenbach und Raabe 2016, 572ff). So halten Alexander und Margarete Mitscherlich[11] fest, dass

> „[d]ie Ideologie der Nazis [...] zwar nach 1945 pauschal außer Kurs geraten [sei], was aber nicht bedeute[.], da[ss] man eine sichere Distanz zu ihr gefunden hätte" (zitiert nach Stöss 1989, 50).

6. Fazit

Die Vergangenheitsbewältigung in der Nachkriegszeit ist zögernd verlaufen, da die Vergangenheit nicht gesamtgesellschaftlich homogen aufgearbeitet worden ist, sondern unterschiedliche ideologische Gruppierungen die Vergangenheit spezifisch aufgearbeitet haben. Zudem wurde die Aufarbeitung der Vergangenheit während der Nachkriegszeit unterschiedlich wahrgenommen und interpretiert. Vor diesem Hintergrund hat sich die Arbeit mit dem wissenschaftlichen Gegenstand der Vergangenheitsbewältigung in der Wahrnehmung der Neuen Rechten beschäftigt. Im Fokus der Überlegungen standen die geistige Aufarbeitung der Geschehnisse während der Herrschaftszeit der Nationalsozialisten und die spezifische Wahrnehmung der Vergangenheitsbewältigung in der Nachkriegszeit durch die Neue Rechte. Zielsetzung der Arbeit war es darzulegen wie die Neue Rechte die Nachkriegszeit mit den dazu gehörenden Prozessen wahrgenommen und interpretiert hat. Die Terminologien der Begriffe „Vergangenheitsbewältigung" und „Neue Rechte" bilden die zentralen Aspekte dieser Arbeit und sind daher von großer Bedeutung für das Verständnis des wissenschaftlichen Gegenstandes. Die Nachkriegszeit war geistig von Latenz geprägt. Dies hat, so kann aus den Befunden der Arbeit geschlussfolgert werden, zusammen mit den von den Rechten initiierten Amnestiegesetzen zum Scheitern der Aufarbeitung der Vergangenheit geführt.

Aus den untersuchten Aspekten geht zudem hervor, dass die durch die Amnestiegesetze *befreiten* rechten Theoretiker und Wissenschaftler die Neuen Rechten mit wissenschaftlich fundierten Beweisen und Argumenten versorgten, um z.B. die Schuldfrage abzulehnen und den Holocaust zu leugnen. Diese verstärkten den Nationalismus der Rechten zusätzlich. Ergo wurden auch die von den Alliierten vorbereitete und durchgeführte Umerziehungspolitik und Denazifizierung von den Neuen Rechten abgelehnt. Außerdem zeigen die Befunde der Arbeit, dass die spezifische Wahrnehmung der Vergangenheitsbewältigung die Ideologie der Neuen Rechten beeinflusst und Einzug in die Parteiprogramme unterschiedlicher rechter Parteien erhalten hat. Ein Aspekt, der durch diese Arbeit nicht geklärt werden konnte ist, inwiefern die Neuen Rechten die alleinverantwortlich für die NS-Kontinuitäten und damit für das Scheitern der Vergangenheitsbewältigung sind. Daher wäre der – im Rahmen dieser Arbeit – vernachlässigte Aspekt ein weiterer interessanter Untersuchungsgegenstand. Gleichwohl wird die Vergangenheitsbewältigung angesichts der Verurteilungen von NS-Verbrechen im 21. Jahrhundert und der gegenwärtig steigenden Prozentzahlen bei Wahlen für die Rechten weiterhin Gegenstand von Untersuchungen bleiben.

Fußnoten

[1] siehe Frei, Norbert (2012): Vergangenheitspolitik: Die Anfänge der Bundesrepublik und die NS-Vergangenheit. München: C.H. Beck.

[2] siehe hierzu u.a. die Liste der Definitionsvarianten von Armin Pfahl-Traughber in Butterwegge, Christoph (2002): Rechtsextremismus. Freiburg: Herder. S. 67f.

[3] siehe hierzu u.a. Mitscherlich, Alexander und Margarete Mitscherlich (2007): Die Unfähigkeit zu trauern: Grundlagen kollektiven Verhaltens. 19. Aufl. München: Piper.

[4] vgl. Deiters, Heinrich (1948): Die Schule der demokratischen Gesellschaft. Berlin.

[5] vgl. Adorno, Theodor W. (1963): Eingriffe: Neun kritische Modelle. Frankfurt am Main.

[6] siehe hierzu u.a. Weiß, Volker (2017): Die autoritäre Revolte: Die Neue Rechte und der Untergang des Abendlandes. Stuttgart: Klett-Cotta. S. 39-63.

[7] hierzu gilt es zu erwähnen, dass die Anzahl der Befragten nicht gegeben ist und daher die Repräsentativität dieser Umfrage kritisch betrachtet werden sollte

[8] siehe bzgl. der Strategie der Neuen Rechten Jaschke, Hans-Gerd (2016): Strategie der extremen Rechten in Deutschland nach 1945. In: Fabian Virchow, Martin Langebach und Alexander Häusler (Hrsg.): Handbuch Rechtsextremismus. Wiesbaden: Springer VS. S. 115-134.

[9] vgl. Germar, Rudolf (2000): Das Rudolf Gutachten: Gutachten über die „Gaskammern" von Auschwitz. 2. stark überarb. und erw. Auflage. Hasting: Castle Hill Publishers.

[10] die Befragten waren ausschließlich Bürger in der amerikanischen Besatzungszone

[11] siehe hierzu Fußnote 3

Literaturverzeichnis

Assheuer, Thomas und Hans Sarkowicz (1992): Rechtsradikale in Deutschland: Die
alte und neue Rechte. München: C.H.Beck Verlag. S. 17-20, 62-64, 104-108,
176-179, 184-191.

Brauner-Orthen, Alice (2001): Die Neue Rechte in Deutschland: Antidemokratische
und rassistische Tendenzen. Opladen: Leske + Budrich. S. 17-24, 33-43.

Bruns, Julian, Kathrin Glösel und Natascha Stobl (2015): Rechte Kulturrevolution:
Wer und was ist die Neue Rechte von heute? Hamburg: VSA (Attac Basis
Texte 47). S. 11-17.

Dudek, Peter und Hans-Gerd Jaschke (1984): Entstehung und Entwicklung des
Rechtsextremismus in der Bundesrepublik: Zur Tradition einer besonderen
politischen Kultur. Opladen: Westdeutscher Verlag (Band 1). S. 34-58.

Dudek, Peter (1992): Der schwierige Übergang zur Demokratie – Einstellungen und
Wertorientierungen Jugendlicher nach 1945. In: Geschichte – Erziehung –
Politik 3. S. 191-202.

Dudek, Peter (1994): Die Auseinandersetzung mit Nationalsozialismus und
Rechtsextremismus nach 1945. In: Wolfgang Kowalsky und Wolfgang
Schroeder (Hrsg.): Rechtsextremismus: Einführung und Forschungsbilanz.
Opladen: Westdeutscher Verlag. S. 277-301.

Faulenbach, Bernd (1990): Zum Umgang des Rechtsextremismus und der Neuen
Rechten mit der jüngsten Vergangenheit. In: Kurt Bodewig, Rainer Hesels
und Dieter Mahlberg (Hrsg.): Die schleichende Gefahr:
Rechtsextremismus heute. Essen: Klartext Verlag. S. 40-46.

Frei, Norbert (1998): Vergangenheitspolitik in den fünfziger Jahren. In: Wilfried
Loth und Bernd-A. Rusinek (Hrsg.): Verwandlungspolitik: NS-Eliten in der
westdeutschen Nachkriegsgesellschaft. Frankfurt: Campus Verlag. S. 79-92.

Förster, Jürgen (1997): Totalitäre Erfahrung, Vergangenheitsbewältigung und
radikal-libertäre Demokratie. In: Gary S. Schaal und Andreas Wöll (Hrsg.):
Vergangenheitsbewältigung: Modelle der politischen und sozialen Integration
in der bundesdeutschen Nachkriegsgeschichte. Baden-Baden: Nomos
Verlagsgesellschaft. S. 79-110.

Gessenharter, Wolfgang (1994): Kippt die Republik?: Die Neue Rechte und ihre
Unterstützung durch Politik und Medien. München: Knaur. S. 43-57.

Goldberger, Bernadette (1994): Rechtsextremismus und Fremdenfeindlichkeit: Gesellschaftstheoretische und sozialpsychologische Erklärungsfaktoren basaler Zugehörigkeitskonflikte. Wien: Wiener Verlag. S. 40-42.

Gumbrecht, Hans Ulrich (2012): Nach 1945: Latenz als Ursprung der Gegenwart. Berlin: Suhrkamp. S. 9-50.

Hennecke, Hans Jörg (1997): Liberale Vergangenheitsbewältigung: Totalitarismus, Antitotalitarismus und soziale Integration in der Bundesrepublik Deutschland. In: Gary S. Schaal und Andreas Wöll (Hrsg.): Vergangenheitsbewältigung: Modelle der politischen und sozialen Integration in der bundesdeutschen Nachkriegsgeschichte. Baden-Baden: Nomos Verlagsgesellschaft. S. 63-77.

Hoffmann, Christa (1992): Stunden Null?: Vergangenheitsbewältigung in Deutschland 1945 und 1989. Bonn, Berlin: Bouvier Verlag. S. 34-45, 92-96.

Jaschke, Hans-Gerd (1990): Zur Ideologie der Neuen Rechten. In: Franz Greß, Hans-Gerd Jascke und Klaus Schönekäs (Hrsg.): Neue Rechte und Rechtsextremismus in Europa: Bundesrepublik, Frankreich, Großbritannien. Opladen: Westdeutscher Verlag. S. 56-72.

Jaschke, Hans-Gerd (1994): Rechtsextremismus und Fremdenfeindlichkeit: Begriffe, Positionen, Praxisfelder. Opaden: Westdeutscher Verlag. S. 134-140.

Klönne, Arno (1990): Rechtsentwicklungen in der Bundesrepublik. In: Kurt Bodewig, Rainer Hesels und Dieter Mahlberg (Hrsg.): Die schleichende Gefahr: Rechtsextremismus heute. Essen: Klartext Verlag. S. 47-60.

König, Helmut (1997): Das Erbe der Diktatur. Der Nationalsozialismus im politischen Bewußtsein der Bundesrepublik. In: Helmut König/ Wolfgang Kuhlmann und Klaus Scherbe (Hrsg.): Vertuschte Vergangenheit. Der Fall Schwerte und die NS-Vergangenheit der deutschen Hochschulen. München: C.H. Beck. S. 301-316.

Laak, Dirk van (1998): Trotz und Nachurteil Rechtsintellektuelle im Anschluß an das „Dritte Reich". In: Wilfried Loth und Bernd-A. Rusinek (Hrsg.): Verwandlungspolitik: NS-Eliten in der westdeutschen Nachkriegsgesellschaft. Frankfurt: Campus Verlag. S. 55-77.

Langenbach, Martin und Jan Raabe (2016): Die Neue Rechte in der Bundesrepublik Deutschland. In: Fabian Virchow, Martin Langenbach und Alexander Häusler (Hrsg.): Handbuch Rechtsextremismus. Wiesbaden: Springer. S. 561-585.

Pfahl-Traughber, Armin (1994): Brücken zwischen Rechtsextremismus und
Konservatismus: Zur Erosion der Abgrenzung auf publizistischer Ebene in
den achtziger und neunziger Jahren. In: Wolfgang Kowalsky und Wolfgang
Schroeder (Hrsg.): Rechtsextremismus. Einführung und Forschungsbilanz.
Opladen: Westdeutscher Verlag. S.160-182.

Reichel, Peter (2001): Vergangenheitsbewältigung in Deutschland: Die
Auseinandersetzung mit der NS-Diktatur von 1945 bis heute. München: C.H.
Beck. S. 13-29.

Seitenbecher, Manuel (2013): Mahler, Maschke & Co.: Rechtes Denken in der 68er-
Bewegung. Paderborn: Ferdinand Schöningh Verlag. S. 455.

Stöss, Richard (1989): Die extreme Rechte in der Bundesrepublik: Entwicklung –
Ursache – Gegenmaßnahmen. Opladen: Westdeutscher Verlag. S. 29-35.

Wetzel, Juliane (1994): Der parteipolitische Rechtsextremismus in der
Bundesrepublik 1945 bis 1989. In: Wolfgang Kowalsky und Wolfgang
Schroeder (Hrsg.): Rechtsextremismus: Einführung und Forschungsbilanz.
Opladen: Westdeutscher Verlag. S. 89-102.

Wöll, Andreas (1997): Vergangenheitsbewältigung in der Gesellschaftsgeschichte
der Bundesrepublik: Zur Konfliktlogik eines Streitthemas. In: Gary S. Schaal
und Andreas Wöll (Hrsg.): Vergangenheitsbewältigung. Modelle der
politischen und sozialen Integration in der bundesdeutschen
Nachkriegsgeschichte. Baden-Baden: Nomos Verlagsgesellschaft. S.29-42.

Restdeutschland
von Renate Schütte

Du wunderschönes deutsches Land,
wie bist du klein geworden! –
Zerstückelt und in Feindeshand,
besetzt von fremden Horden.

Du wolltest blühen und gedeih'n,
ein freies Volk ernähren.
Das konnt' die Welt dir nicht verzeih'n.
Sie mußte dich verheeren

und schob die Schuld auf jenen Mann,
der nur den Frieden wollte,
und dem sein Volk, verblendet dann,
nur schnöden Undank zollte.

Doch was er einst an Werten schuf,
wird niemals ganz vergehen.
Groß-Deutschland, höre unsern Ruf:
„Einst wirst du neu erstehen!"

Quelle: Stöss 1989, 30